Alessandro Antonietti

MAESTRO E SCOLARO

Percorso di lettura ritmica
per il potenziamento linguistico

Volumi pubblicati

Serie "Texts" (blu)

A. Cancer & A. Antonietti, *Il pensiero in azione. Applicazioni della psicologia cognitiva*

M. Cantoia & A. Antonietti, *Mappe e storie. Dai processi cognitivi alla comunicazione*

C. Valenti & A. Antonietti, *Enhancing the human potential. Psychological interventions in different settings*

L. Pisciottano Manara, A. Bartolomeo, M. Mancini & C. Valenti, *Milano nelle esperienze dei bambini*

M. Cantoia, M. C. Crippa, C. Simoncelli & M. Vagli, *Vivere lo sport. Motivazione e benessere*

Serie "Training" (verde)

L. Rahmani, C. Gagliardi, E. Girani, C. Antonietti & A. Antonietti, *Pensare la matematica. Dai numeri ai significati: un training al problem finding*

Serie "Music" (giallo)

A. Antonietti, *Mimeo. 50 Variazioni-miniatura su un tema di Haydn per pianoforte a due mani*

A. Antonietti, *Mimeo. 50 Variazioni-miniatura su un tema di Haydn per pianoforte a quattro mani*

ISBN 978-1983439599

www.psyprint.jimdo.com

INTRODUZIONE

E' qui presentato un percorso di potenziamento linguistico basato sul collegamento tra note e parole. Musica e linguaggio verbale condividono infatti, a livello psicologico e neurologico, dei meccanismi comuni e, come mostrato dalla ricerca, è possibile favorire l'acquisizione di competenze verbali grazie al supporto della musica.

L'elaborazione del linguaggio, sia nella fase recettiva (ascoltare e leggere) che in quella produttiva (parlare e scrivere), richiede infatti l'attivazione di processi mentali atti a decodificare – nella fase recettiva – gli stimoli lungo una sequenza temporale (e spaziale nel caso della lettura) spostando l'attenzione dall'elemento verbale precedente a quello successivo e – nella fase produttiva – a pianificare in sequenza gli elementi verbali da pronunciare o mettere per iscritto. Una coordinazione delle operazioni mentali da attivare in successione è quindi implicata nel linguaggio verbale e per questo abilità di elaborazione seriale sono collegate alle competenze linguistiche. Anche la fruizione della musica chiama in causa una regolata elaborazione sequenziale degli stimoli e questo spiega perché vi sia un collegamento tra capacità linguistiche e musicali e come l'esercizio musicale possa favorire l'acquisizione del linguaggio verbale.
La base del percorso qui presentato è quindi l'esercizio dell'abilità di coordinare l'elaborazione linguistica con quella musicale. Ciò avviene invitando a elaborare materiale verbale in corrispondenza di serie di note musicali mantenendo la sincronia tra i due piani, ossia quello linguistico e quello musicale. Varie sperimentazioni hanno provato che la pratica della lettura impostata secondo ritmi musicali porta a un miglioramento della competenza linguistica (un elenco degli studi svolti al riguardo è riportato al termine di questa Introduzione).
L'abbinamento di parole e musica non si limita tuttavia al rispetto della comune struttura temporale-ritmica. Nel linguaggio verbale ha un ruolo importante la prosodia, ossia il complesso di variazioni sonore che modulano la produzione delle parole (e che abilitano o facilitano la comprensione in fase recettiva). Le parole vengono, fisicamente o anche soltanto mentalmente, pronunciate introducendo dei cambiamenti nell'altezza dei suoni che sono emessi (certe parole o sillabe vengono pronunciate più acute, altre più gravi), nella velocità di emissione (alcuni elementi linguistici vengono pronunciati velocemente, altri lentamente; vengono introdotte pause più o meno brevi) e nell'intensità della voce (che accentua certe parti verbali). Queste variazioni hanno un ruolo centrale anche nella musica e le ricerche indicano che le competenze prosodiche vanno di pari passo sul piano linguistico e su quello verbale.
Da ultimo va ricordato che nel linguaggio verbale svolge una funzione decisiva la consapevolezza fonologica, indispensabile per cogliere e controllare le differenze tra i suoni che vanno a comporre le parole, e la capacità di combinare in maniera corretta, efficace e rapida le diverse unità fonemiche. La combinazione di suoni diversi, che valorizzi le caratteristiche peculiari (timbriche, espressive ecc.) delle note, è alla base della musica e anche questa analogia tra linguaggio e musica spiega i rapporti tra i due generi di competenza e il trasferimento dei progressi che si acquisiscono in un campo all'altro campo.

Le attività qui descritte cercano di valorizzare tutte queste corrispondenze tra parole e musica proponendo degli esercizi di decodifica e di produzione verbale in cui gli elementi linguistici devono essere messi pertinentemente in rapporto con quelli musicali. L'obiettivo è quello di attivare delle sinergie tra i due codici cosicché quello musicale diventi un facilitatore per quello verbale.

Il percorso, oltre a questa finalità prioritaria – riportabile a tre più specifici ambiti: sincronizzazione temporale-ritmica, modulazione prosodica, abilità fonologica – ha anche ulteriori obiettivi. La proposta e creazione di testi da abbinare alle note diventa per esempio occasione per apprendere il significato di parole nuove, appositamente inserite, con ciò contribuendo all'arricchimento del vocabolario. Le attività in cui è chiesto di trovare formulazioni verbali congrue con la musica cui devono associarsi stimola la ricerca di molteplici soluzioni linguistiche, potenziando i processi di accesso lessicale, la fluidità verbale e la capacità di analisi delle caratteristiche espressive delle parole. Da ultimo i giochi linguistici proposti, invitando a sperimentare varie combinazioni di elementi verbali, alimentano la consapevolezza della natura generativa del linguaggio, portando a impadronirsi di alcuni meccanismi che stanno alla base della costruzione delle espressioni comunicative.

Benché il percorso sia indirizzato primariamente al potenziamento linguistico, le attività proposte possono sollecitare competenze anche di tipo musicale, e quindi rientrare anche nelle finalità dell'educazione musicale. Innanzi tutto gli esercizi diventano occasione per far conoscere in maniera pratica alcuni concetti e termini della teoria musicale. In altri casi le attività diventano occasione per introdurre alcune nozioni riguardanti la storia della musica e i generi musicali. Infine, le attività stimolano l'affinamento di capacità di discriminazione e analisi delle strutture sonore e dei loro costituenti (intensità, velocità, ritmo, altezza dei suoni ecc.) e sollecitano la sensibilità per gli aspetti espressivi della musica.

Il percorso è centrato su un'opera per pianoforte a quattro mani di Joseph Haydn, *Il maestro e lo scolare* (numero di catalogo: Hob. XVIIa:1). Si tratta, come suggerisce il titolo, di un pezzo dal presunto intento didattico in cui gli incisi musicali sono dapprima esposti dall'esecutore che ha in carico il registro basso della tastiera (il "maestro") e poi sono ripetuti da chi suona nel registro alto (l'"allievo"). Lo spartito, dopo l'esposizione del tema, diviene a mano a mano di esecuzione sempre più difficile in quanto nelle successive variazioni la linea melodica si arricchisce di note più veloci e compaiono complessificazioni esecutive (come i salti di posizione sulla tastiera). Di quest'opera è stato qui selezionato il tema iniziale sulla cui base tutte le attività sono costruite ed è stata mantenuta l'alternanza tra "maestro" e "scolare". Quest'ultimo aspetto permette di valorizzare la dinamica didattica dell'imitazione e della progressione. Lungo il percorso il ruolo assegnato al discente diventa a mano a mano più attivo: se nelle prime attività gli è richiesto di ripetere delle formulazioni linguistiche preconfezionate, successivamente deve egli stesso produrre i testi da abbinare alla musica.

Il percorso è strutturato in sei sezioni.

La *prima* sezione imposta dapprima il lavoro invitando a compiere semplici attività di sincronizzazione tra musica e testo. Successivamente ci si focalizza sulle diverse modalità con cui un brano musicale – e, per corrispondenza, un testo verbale – può essere riprodotto, variando l'intensità, la velocità, la durata, l'altezza dei suoni. Si cerca così, oltre che incrementare la padronanza della sincronizzazione nell'elaborazione del linguaggio (che resta una costante lungo l'intero percorso), di sviluppare la consapevolezza di aspetti prosodici del linguaggio (e della musica) e di esercitare la funzione articolatoria dei suoni (che devono di volta in volta essere pronunciati in modi differenti). Viene anche introdotta la sensibilizzazione riguardo agli aspetti espressivi di linguaggio verbale e musicale, stimolando la riflessione sulle possibilità di far corrispondere il significato (e anche il suono) delle parole a ciò che la musica evoca (anche questo è un aspetto trasversale a tutto il percorso, che non verrà ulteriormente richiamato nelle successive sezioni).

Con la *seconda* sezione si inizia a incidere sulla melodia, variando durate e accenti delle note, e corrispondentemente delle sillabe dei testi di accompagnamento. Anche queste attività sono finalizzate al potenziamento della competenza relativa alla dimensione prosodica e allo sviluppo della consapevolezza dei meccanismi generativi dei linguaggi (verbale e musicale).

La *terza* sezione è dedicata ai giochi di manipolazione degli elementi musicali e verbali. La melodia originale di Haydn viene ripetutamente modificata attraverso meccanismi propri della variazione in ambito musicale e si esplorano le conseguenze che derivano dall'applicare i medesimi meccanismi a materiale verbale. Ciò diventa l'occasione, oltre che per accrescere la consapevolezza dei processi costruttivi del linguaggio, per esercitarsi in processi fonologici e articolatori.

La *quarta* sezione è centrata sulla duplicazione delle note. Sul versante linguistico l'obiettivo è di esercitare competenze di tipo fonologico e soprattutto articolatorio.

La *quinta* sezione è centrata sull'aumento del numero delle note per battuta, così da generare dei testi-scioglilingua.

La *sesta* sezione, infine, offre degli spunti per elaborazioni linguistiche più sofisticate basate su alcune delle variazioni composte sul tema di Haydn per altri scopi didattici e qui richiamate.

Ciò che è qui presentato vuole costituire un canovaccio che l'operatore può variare, introducendo modifiche e integrazioni e ideando lui stesso ulteriori attività. La descrizione qui fatta delle attività prevede soltanto attività di ascolto, composizione testuale, lettura (ed eventualmente esecuzione musicale, se le competenze del discente la permettono). L'operatore può arricchire questa struttura essenziale degli esercizi introducendo altri codici comunicativi-espressivi, come per esempio l'uso di immagini o l'impiego di gesti e movimenti corporei.

L'abbinamento di parole e musica presente negli esercizi prevede che la parte testuale sia semplicemente letta, anche se la corrispondente controparte sonora facilmente invita a modulare melodicamente le espressioni verbali. La scelta di basare l'esercizio sulla lettura anziché sul canto è motivata dalla constatazione che spesso le persone sono, a torto (per presunta loro mancanza di "intonazione") o a ragione, inibite quando devono cantare (soprattutto in presenza di altri soggetti): evitando la richiesta di cantare si vuole permettere un più agevole e sereno coinvolgimento nelle attività da parte di coloro che abbiano questo tipo di resistenza al canto. Ciò però non impedisce che, qualora vi siano le condizioni, le parti testuali vengano fatte cantare (o pronunciare in forme di recitativo o parlato musicale analoghe al canto).

Il percorso è rivolto a:
- bambini che si avviano ai processi di alfabetizzazione (per lo sviluppo dei precursori o prerequisiti dell'apprendimento della letto-scrittura), quindi che frequentano l'ultima fase della scuola dell'infanzia e il primo ciclo della scuola primaria;
- alunni che, pur frequentando un livello scolastico in cui le acquisizioni sopra menzionate dovrebbero essere consolidate, manifestano, per varie ragioni, difficoltà sul piano linguistico, magari limitatamente all'italiano in quanto lingua non materna;

-    soggetti con disturbi del linguaggio, dislessia e disortografia.

Benché non siano state condotte sinora esperienze in questo campo con il presente materiale, si può ipotizzare un suo impiego nell'ambito della riabilitazione a seguito di deficit linguistici acquisiti (afasia, alessia ecc.), poiché varie ricerche suggeriscono che la dimensione musicale svolge un ruolo facilitatorio nel recupero delle competenze linguistiche di cui si è persa la padronanza.

Il percorso è pensato per un'applicazione in contesto:

-    *scolastico pre-obbligo*, ad opera degli educatori della scuola dell'infanzia;
-    *scolastico*, ad opera degli insegnanti. Sulla base delle finalità precedentemente ricordate, due ambiti si presentano particolarmente pertinenti: quello dell'educazione linguistica e quello dell'educazione musicale;
-    *educativo-animativo*. E' possibile proporre le attività – magari non nella forma completa e sistematica qui presentata, ma soltanto attraverso la scelta di alcuni esercizi – nell'ambito extra-scolastico, per esempio nei centri di assistenza allo studio, nei doposcuola pomeridiani, in laboratori ludico-educativi ecc.;
-    di *formazione musicale*. Le attività possono essere incluse o integrate in percorsi di avvicinamento, sensibilizzazione, familiarizzazione con il linguaggio musicale. Alcune attività possono anche essere inglobate in percorsi più formalizzati di istruzione musicale (corsi di teoria e solfeggio) per sviluppare in maniera alternativa alcune competenze (per esempio collegate alla durata delle note, al ritmo ecc.).
-    *riabilitativo* – da parte di logopedisti, tecnici della riabilitazione, psicologi – come percorso autonomo o integrativo rispetto al regolare programma riabilitativo.

Da ultimo si fa presente la possibilità di far riferimento alle attività qui proposte per percorsi di apprendimento dell'italiano quale Lingua 2 o nell'insegnamento di lingue straniere (adattando ovviamente le parti testuali alla lingua straniera da apprendere).

Nota: Tra parentesi quadrate sono riportati i rimandi alle tracce audio corrispondenti alle parti musicali riportate nel testo. Questi rimandi possono essere utili nel contesto delle attività di formazione – che possono essere richieste al Servizio di Psicologia dell'Apprendimento e dell'Educazione in Età Evolutiva (SPAEE) dell'Università Cattolica del Sacro Cuore (www.spaee.it; indirizzo email: spaee@unicatt.it) – in cui si fa riferimento a questo volume, nell'ambito delle quali i *files* delle tracce audio vengono forniti.

Elenco dei lavori scientifici sulla metodologia della lettura ritmica

Cancer, A., & Antonietti, A. (2011). Integrazione del metodo sublessicale per la dislessia con attività ritmico-musicali. *XX Congresso Nazionale dell'Associazione Italiana per la Ricerca e Intervento nella Psicopatologia dell'Apprendimento (AIRIPA) "I disturbi dell'apprendimento"*, Prato, 21-22 ottobre 2011, volume degli atti p. 107.

Bonacina, S., Cancer, A., & Antonietti, A. (2013). Rhythmic-melodic training for reading: An application with dyslexic children. *Convegno "New perspective for stimulating cognitive and sensory processes"*, Pavia, 22-23 settembre 2013.

Bonacina, S., Cancer, A., Lanzi, P. L., & Antonietti, A. (2013). Training di lettura ritmico-melodica: un'applicazione con ragazzi dislessici. *XXII Congresso Nazionale dell'Associazione Italiana per la Ricerca e Intervento nella Psicopatologia dell'Apprendimento (AIRIPA) "I disturbi dell'apprendimento"*, Pordenone, 25-26 ottobre 2013, volume degli atti p. 136.

Antonietti, A., & Cancer, A. (2015). Un training ritmico-musicale per l'intervento nella dislessia evolutiva: evidenze sperimentali. Proceedings of the *XXIV Congresso Nazionale dell'Associazione Italiana per la Ricerca e Intervento nella Psicopatologia dell'Apprendimento (AIRIPA) "I disturbi dell'apprendimento"*, Pesaro, 9-10 October 2015, volume degli atti p. 100.

Bonacina, S., Cancer, A., Lanzi, P. L., Lorusso, M. L., & Antonietti, A. (2015). Improving reading skills in students with dyslexia: The efficacy of a sublessical training with rhythmic background. *Frontiers in Psychology*, 6, article 1510, 1-8 (doi: 10.3389/fpsyg.2015.01510).

Bonacina, S., Cancer, A., Lorusso, M. L., Salandi, A., & Antonietti, A. (2015). L'efficacia del training di lettura ritmico-melodica: confronto con altri trattamenti per la dislessia. *XXIV Congresso Nazionale dell'Associazione Italiana per la Ricerca e Intervento nella Psicopatologia dell'Apprendimento (AIRIPA) "I disturbi dell'apprendimento"*, Pesaro, 9-10 ottobre 2015, volume degli atti p. 84.

Cancer A. e Antonietti A. (2015). Rhythmic Reading Training (RRT): A computer-assisted intervention program for dyslexia. *V Alliance for Innovation (EAI) International Symposium on Pervasive Computing Paradigms for Mental Health – MindCare 2015*, Milano, 24-25 settembre 2015.

Germagnoli, S., Cancer, A., Zorzi, C., Angelini, L., & Antonietti, A. (2015). Training Lettura Ritmica: dati sull'efficacia dell'applicazione combinata con trattamento logopedico in ragazzi con dislessia in comorbidità con altri DSA. *XXIV Congresso Nazionale dell'Associazione Italiana per la Ricerca e Intervento nella Psicopatologia dell'Apprendimento (AIRIPA) "I disturbi dell'apprendimento"*, Pesaro, 9-10 ottobre 2015, volume degli atti p. 47.

Germagnoli, S., Zorzi, C., Cancer, A., Angelini, A., & Antonietti, A. (2015). Applicazione di un training a base ritmico-sonora per bambini con dislessia. *Abilitazione e Riabilitazione*, 24 (2), 7-25.

Bonacina, S., Cancer, A., Lorusso, M. L., Salandi, A., & Antonietti, A. (2016). Improving reading skills in students with dyslexia: The efficacy of a rhythmic training. *Cognitive Science Arena*, Bressanone (BZ), 19-20 febbraio 2016.

Cancer, A., & Antonietti, A. (2016). Rhythmic Reading Training (RRT): A computer-assisted intervention for improving reading skills of dyslexic children. *IV Meeting of the Special Interest Group on Neuroscience and Education of the European Association for Research on Learning and Instruction (EARLI)*, Amsterdam, 23-25 giugno 2016, volume degli atti p. 32.

Cancer, A., & Antonietti, A. (2016). Training Lettura Ritmica (TLR): un programma informatizzato a base ritmico-musicale per l'intervento nella dislessia. *Giornate di aggiornamento sull'uso degli strumenti in Psicologia clinico dello sviluppo*, Bologna, 4-5 marzo 2016, volume degli atti p. 8.

Cancer, A., Bonacina, S., Lorusso, M. L., Lanzi, P. L., & Antonietti, A. (2016). Rhythmic Reading Training (RRT): A computer-assisted intervention program for dyslexia. In S. Serino, A. Matic, D. Giakoumis, G. Lopez & P. Cipresso (Eds.), *Pervarsive computing paradigms for mental health* (Communications in Computer and Information Science, 604) (volume degli atti p.p.pp.249-258). Cham: Springer. doi: 10.1007/978-3-319-32270-4_25.

Cancer, A., Germagnoli, S., Bonacina, S., Lorusso, M. L., & Antonietti, A. (2016). Rhythmic Reading Training: Evidence of effectiveness in improving reading skills in Italian students with dyslexia. *V All European Dyslexia Conference*, European Dyslexia Association, Modena, 21-14 settembre 2016, volume degli atti p. 26.

Cancer, A., Germagnoli, S., Zorzi, C., Ottolini, A., Silibello, G., & Antonietti, A. (2016). Applicazione del Training Lettura Ritmica combinato con esercizi di elaborazione musicale su un campione di bambini con Dislessia Evolutiva. *Giornate di Neuropsicologia dell'Età Evolutiva – XI Edizione*, Bressanone (BZ), 20-23 gennaio 2016.

Cancer, A., Monti, F., & Antonietti, A. (2016). A rhythmic intervention to improve reading skills in dyslexic adults: Evidence from a single case study. *XXIV Congresso Nazionale della Società Italiana di Psicofisiologia (SIPF)*, Milano, 27-29 ottobre, volume degli atti p. 63.

Colombo, A., Pace, G., Pradella, C., Stievano, G., Germagnoli, S., Zorzi, C., Ottolini, A., Silibello, G., Cancer, A., & Antonietti, A. (2016). L'efficacia del Training Lettura Ritmica (TLR) combinato con esercizi di elaborazione musicale: risultati preliminari di uno studio su un campione di studenti con dislessia evolutiva. *XXV Congresso Nazionale dell'Associazione Italiana per la Ricerca e Intervento nella Psicopatologia dell'Apprendimento (AIRIPA) "I disturbi dell'apprendimento"*, Torino, 7-8 ottobre 2016, volume degli atti pp. 132-133.

Germagnoli, S., Bonacina, S., Cancer, A., & Antonietti, A. (2016). Dislessia e musica: dai meccanismi comuni ai trattamenti. *Dislessia, 13*, 137-163.

Germagnoli, S., Cancer, A., & Bonacina, S. (2016). La musica nella riabilitazione della dislessia: dati a favore dell'efficacia del "Training Lettura Ritmica". *Ricerche di Psicologia, 39*, 21-35.

Cancer, A., & Antonietti, A. (2017). Deficit di elaborazione temporale e dislessia: un intervento ritmico-musicale abbinato a tDCS per potenziare le abilità di lettura. *XXIII Congresso Nazionale della Sezione di Psicologia Sperimentale dell'Associazione Italiana di Psicologia (AIP)*, Bari, 20-22 settembre 2017.

Cancer, A., & Antonietti, A. (2017). Remedial interventions for developmental dyslexia: How neuropsychological evidence can inspire and support a rehabilitation training. *Neuropsychological Trends, 22*, 73-95 (doi:10.7358/neur-2017-022-canc).

Cancer, A., Germagnoli, S., & Antonietti, A. (2017). Training Lettura Ritmica (TLR): potenziare la lettura degli studenti dislessici attraverso un programma informatizzato a base ritmico-musicale. *XXXIV Congresso Nazionale Coordinamento Nazionale Insegnanti Specializzati (CNIS) "Quando educare è più difficile: benessere a scuola. Si può"*, Monza, 21-22 aprile 2017.

Cancer, A., Germagnoli, S., Bonacina, S, Lorusso, M. L., & & Antonietti, A. (2017). Rhythmic Reading Training (RRT): Combining rhythm and reading for improving fluency of Italian students with dyslexia. *International Convention of Psychological Science*, Association for Psychological Science (APS), Vienna, 23-25 marzo 2017.

Cancer, A., & Antonietti, A. (2018). Combining transcranial direct current stimulation with a rhythm-based intervention to improve reading in undergraduate students with dyslexia. *XXXVI European Workshop on Cognitive Neuropsychology*, Bressanone (BZ), 21-26 gennaio 2018.

PRIMA SEZIONE:
VARIAZIONI NEL MODO DI PRONUNCIARE LE PAROLE

La musica che si suona su un pianoforte e un testo composto di parole sono simili perché tutti e due si formano mettendo insieme un pezzetto – la nota che produce un tasto, la sillaba che pronuncia la nostra voce – dopo l'altro.
Proviamo allora a far corrispondere ciascuna nota a una sillaba così da formare da una parte una melodia e dall'altra una frase.

Prendiamo questa semplice melodia [01]:

e proviamo a far corrispondere a ogni nota una sillaba.

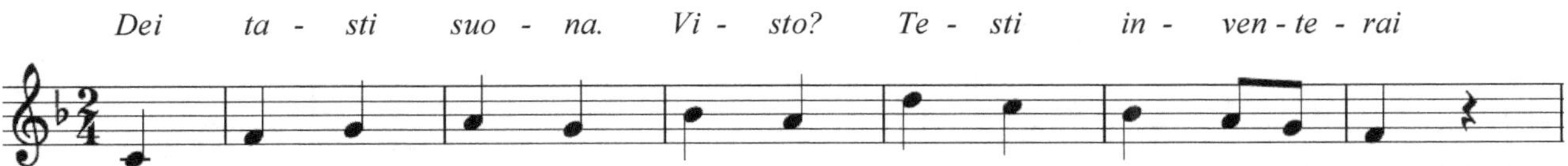

In realtà questa melodia è una semplificazione di una melodia composta da un musicista del Settecento che si chiama Joseph Haydn, che con questa melodia ha scritto una specie di "lezione" in cui un maestro vuol far imparare allo scolaro a suonare il pianoforte, suonando prima lui una parte della musica e poi chiedendo allo scolaro di ripetere quello che ha suonato lui.

Il brano originale è questo [02]:

Per le attività che dovremo svolgere successivamente l'abbiamo semplificato così [03]:

1.1 LETTURA RITMICA DI BASE

Ora noi facciamo lo scolaro e, dopo che il maestro ha suonato la sua parte, leggiamo a ritmo il pezzo della filastrocca che corrisponde a quelle note [03].

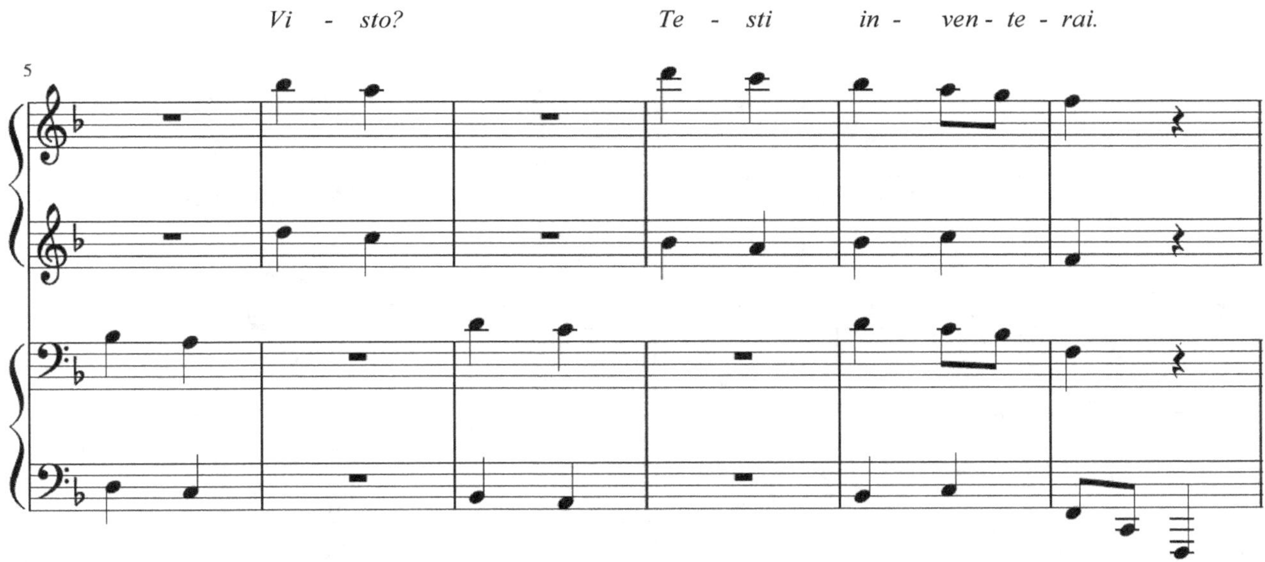

Ora proviamo a leggere il medesimo testo sulla base della stessa melodia, ma in questo caso i pianisti eseguono la versione originale del brano. Sarà un po' più difficile perché il pianoforte non esegue proprio le stesse note sulla cui base occorre leggere [04].

1.2 VARIAZIONE DI INTENSITA'

Ora che abbiamo capito che note e parole possono "andare a braccetto", vediamo se tra musica e testi ci possono essere delle altre corrispondenze.
Per esempio, le note possono essere suonate forte o piano e così anche le parole possono essere pronunciate forte o piano.
Proviamo a recitare la filastrocca pronunciando le parole forte, così come il maestro suona le note forte [05].

[I pianisti eseguono *f*]

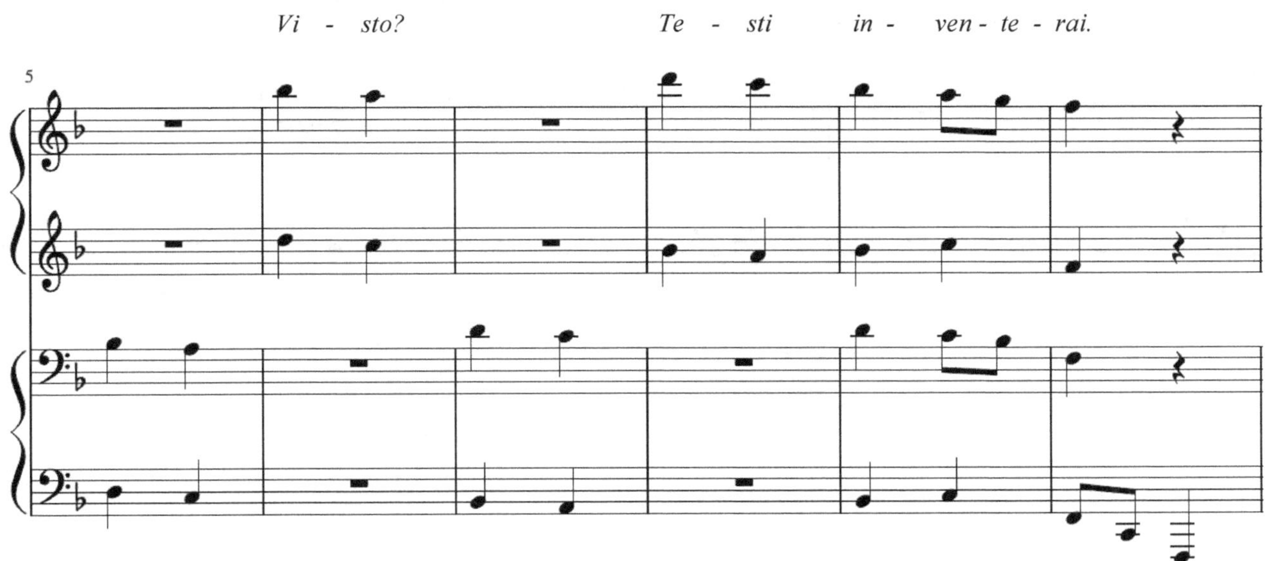

E adesso recitiamo la filastrocca piano, così come il maestro suona le note piano [06].

[I pianisti eseguono *p*]

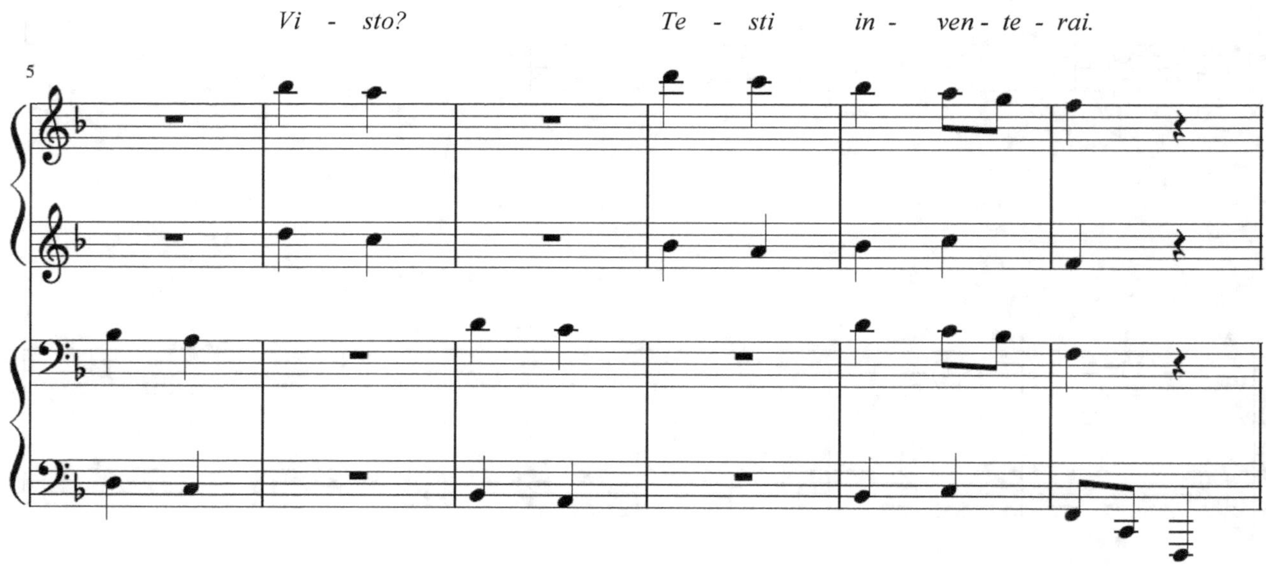

Adesso che abbiamo imparato che le parole possono essere pronunciate forte o piano come la musica che vi corrisponde, potremmo trovare delle parole più adatte all'intensità dei suoni.

Per esempio, quando i suoni sono forti, le parole della filastrocca potrebbero essere:

"Protesto! Basta! Pesto (i) tasti (e) urlo di più!"

Proviamo allora a pronunciare forte queste parole seguendo il ritmo delle note [05].

[I pianisti eseguono *f*]

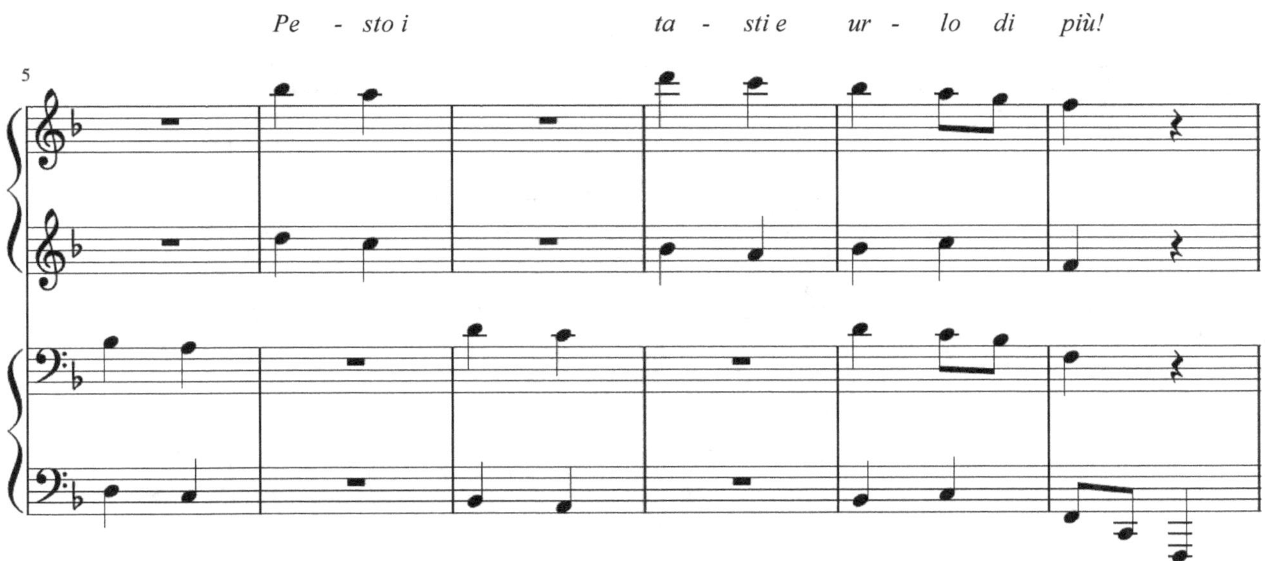

Per la filastrocca recitata piano le parole potrebbero essere:
"Leggero tasto, senza sforzo, piano suonò"
Pronunciamo allora queste parole piano seguendo il ritmo della musica e ascoltando quanto piano
esegue le note il maestro [06].

[I pianisti eseguono *p*]

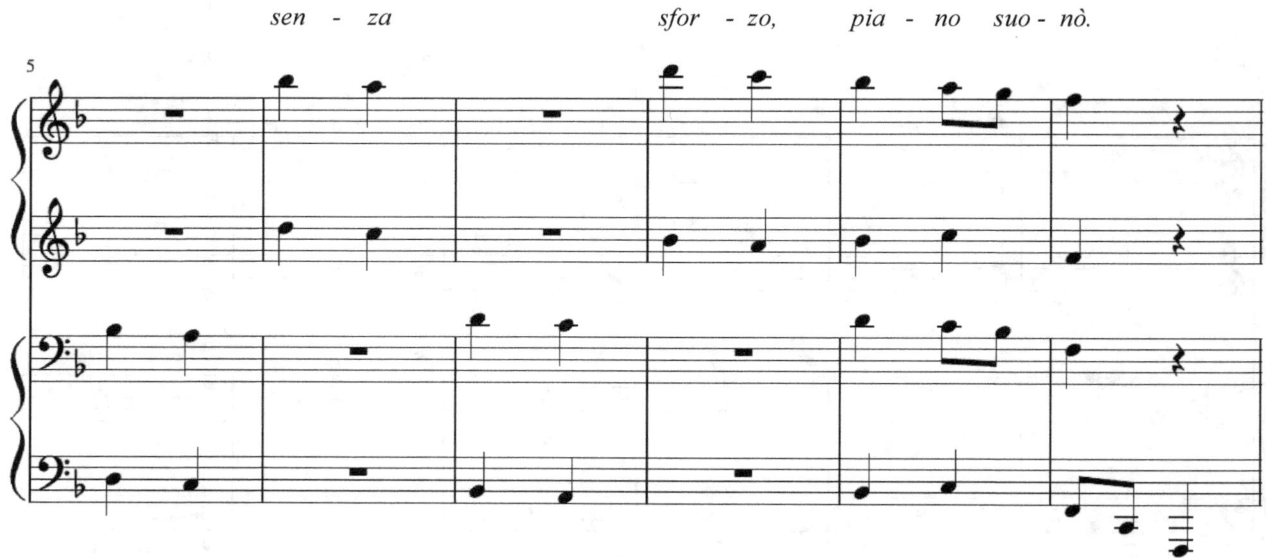

1.3 VARIAZIONE DI VELOCITA'

Facciamo un altro passo.
Come le note possono essere eseguite lentamente o velocemente, così anche le parole possono
essere pronunciate lentamente o velocemente.
Proviamo a leggere la filastrocca iniziale lentamente, seguendo la velocità con cui il maestro suona
le note [07].

[I pianisti eseguono **lentamente**]

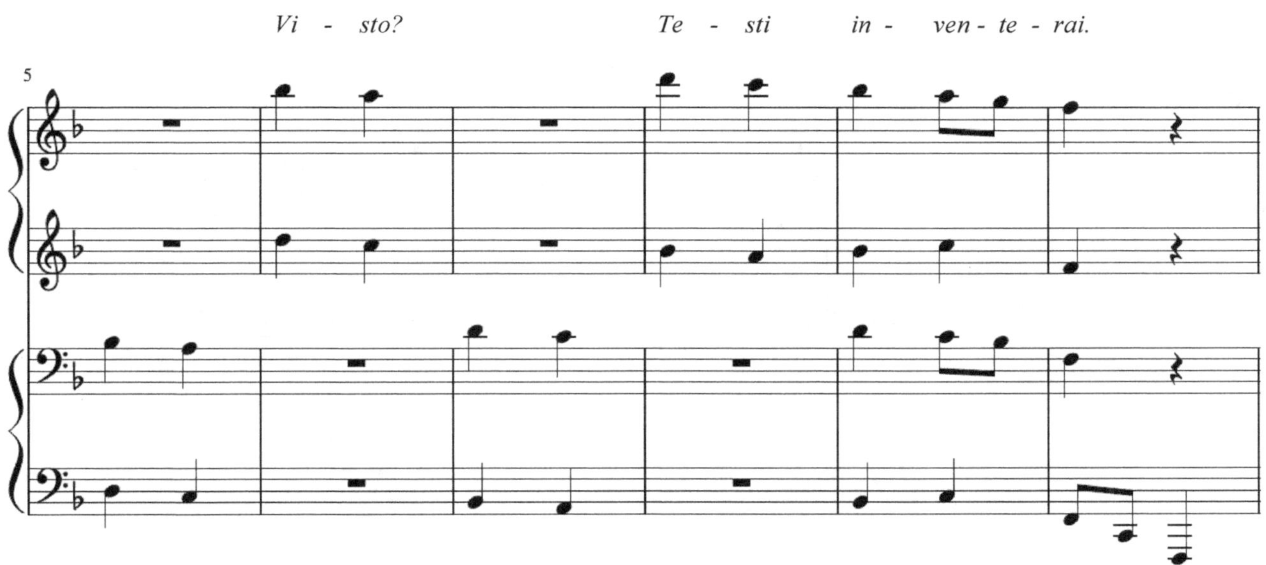

E ora leggiamo la filastrocca velocemente, sempre seguendo la velocità con cui il maestro suona le note [08].

[I pianisti eseguono **velocemente**]

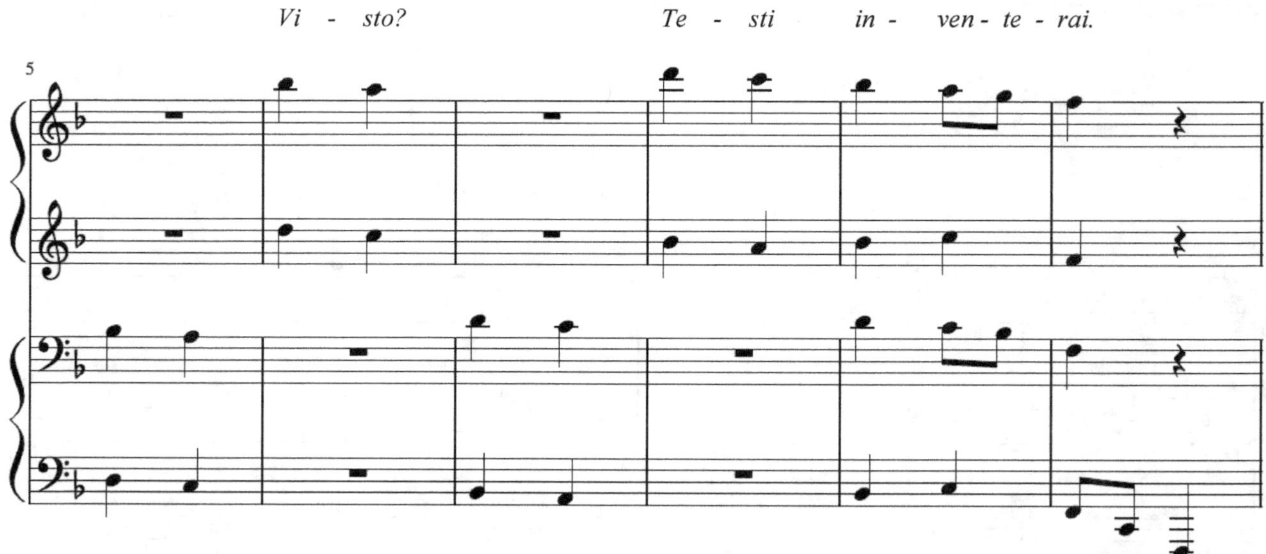

Ora cerchiamo delle parole più adatte alla velocità della musica.
Per la filastrocca letta lentamente il testo potrebbe essere:
"Se triste tasto suoni, occhi lustri avrai" [07].

[I pianisti eseguono *lentamente*]

E per la filastrocca letta velocemente, il testo potrebbe essere:
"Fai presto! Tosto scorri (i) tasti (e) rapido va'!" [08]

[I pianisti eseguono *velocemente*]

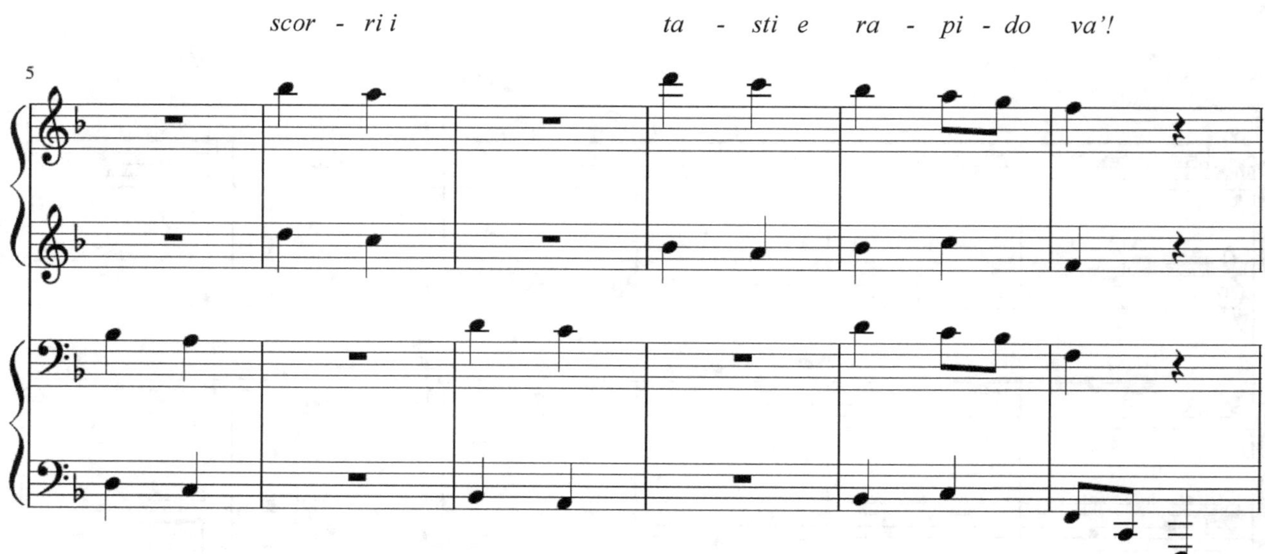

20

1.4 VARIAZIONE DEL TIPO DI SUONO

C'è qualche altro aspetto per il quale il modo di suonare i tasti corrisponde al modo e di pronunciare le parole?

Le note possono essere eseguite cercando di non lasciare nessun vuoto tra l'una e l'altra; è un modo di suonare che si chiama "legato". E' così [09]:

[I pianisti eseguono *legato*]

Oppure le note possono essere eseguite come se fossero dei colpetti brevi separati da silenzi. E' un modo di suonare che si chiama "staccato". Così [10]:

[I pianisti eseguono *staccato*]

Ora proviamo a leggere le parole della filastrocca iniziale nei due modi.
Dapprima cerchiamo di tenere le sillabe più lunghe possibili e di non respirare tra una sillaba e la
successiva [09].

[I pianisti eseguono *legato*]

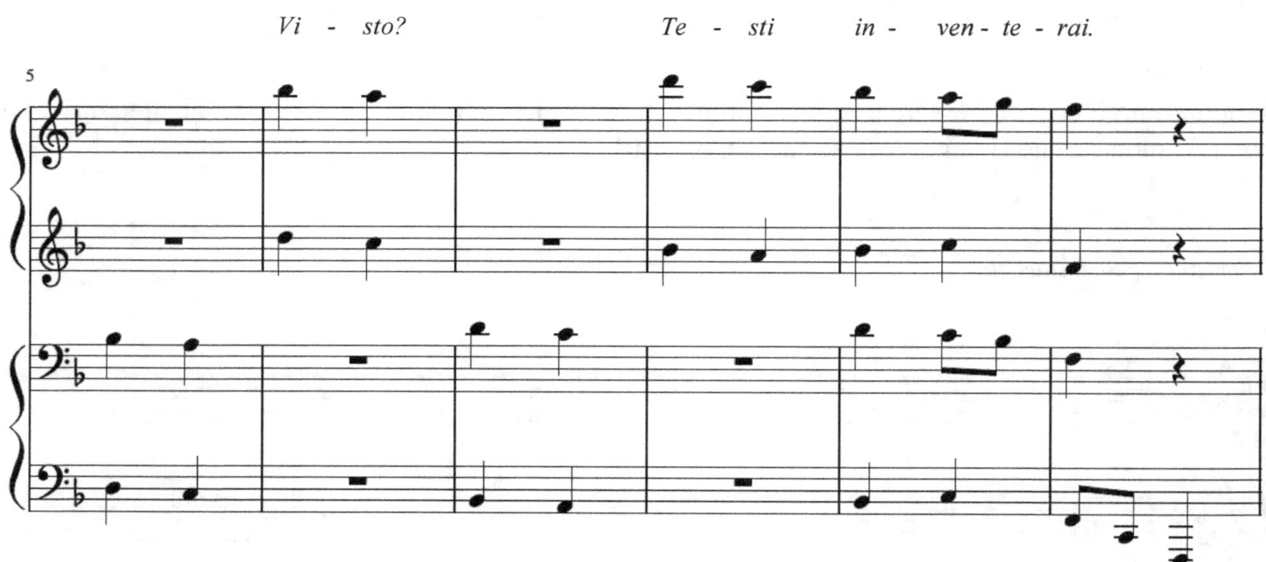

Adesso pronunciamo le sillabe nel modo "staccato", con brevi emissioni di voce, come dei colpetti [10]:

[I pianisti eseguono *staccato*]

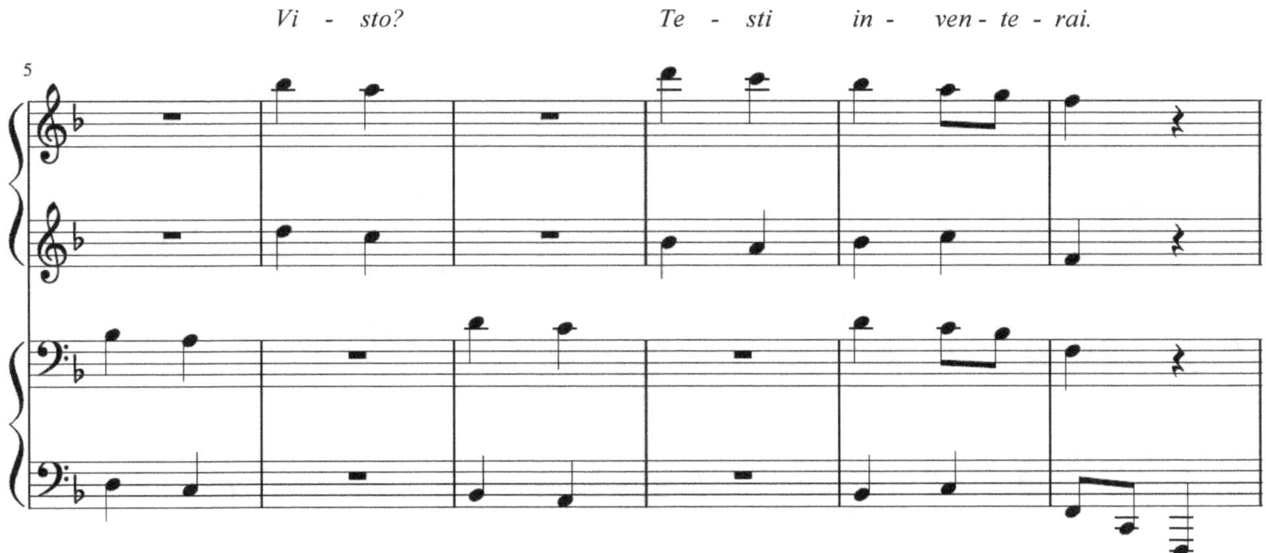

Ora proviamo a trovare delle parole che si adattino meglio al carattere legato o staccato della musica.
Quando le note sono suonate legate, le parole potrebbero essere:
"Glissando lieve sopra i tasti scivolerò."
Proviamo a leggere questo testo legando bene le sillabe [09]:

[I pianisti eseguono *legato*]

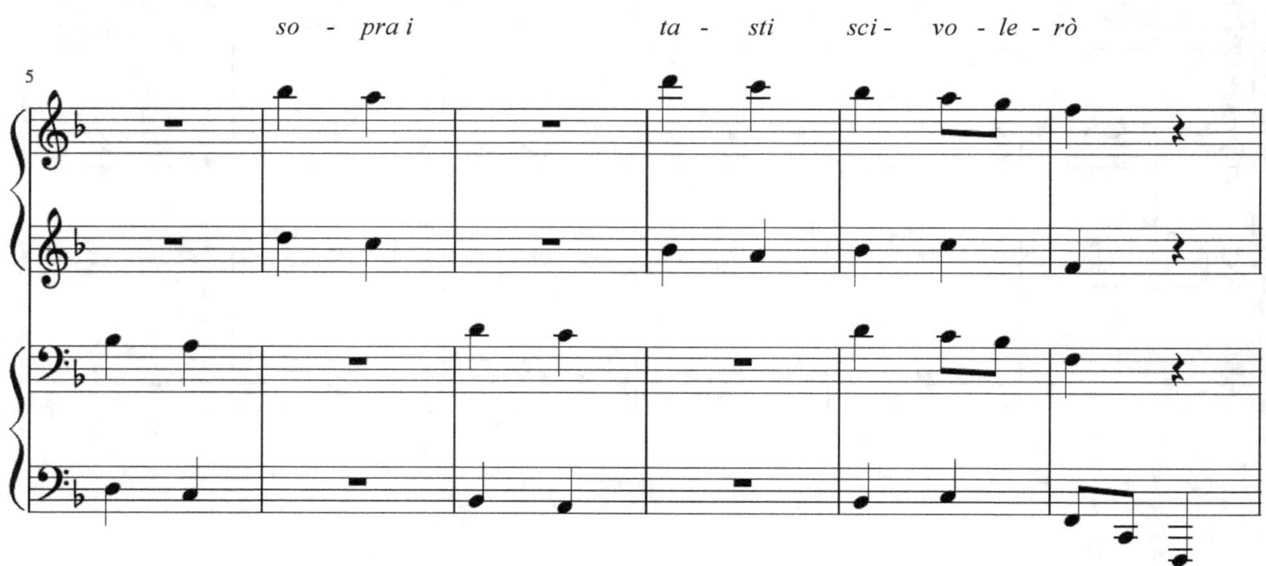

Quando le note sono suonate staccate, le parole potrebbero essere:
"La pulce lesta scatta in testa e salta sul FA."
Proviamo e dire questa frase, sempre seguendo il ritmo della musica, pronunciando le sillabe in modo staccato [10].

1.5 VARIAZIONE DI MODALITA'

Un'ultima possibilità con cui si può variare il modo di pronunciare le parole è agire sull'altezza dei suoni che pronunciamo. Quando parliamo pronunciando le parole producendo suoni acuti, in genere esprimiamo gioia (ma anche rabbia, talvolta); quando le pronunciamo con toni gravi o bassi, di solito esprimiamo tristezza.
Qualcosa si simile avviene anche con le note musicali. Abbassando l'altezza di alcune note l'atmosfera di una melodia cambia da allegra a malinconica. Così succede anche con la melodia di Haydn, che risulta così dopo che l'altezza di alcune note è stata diminuita (tecnicamente si dice che è stata trasportata dalla modalità maggiore a quella minore) [11]:

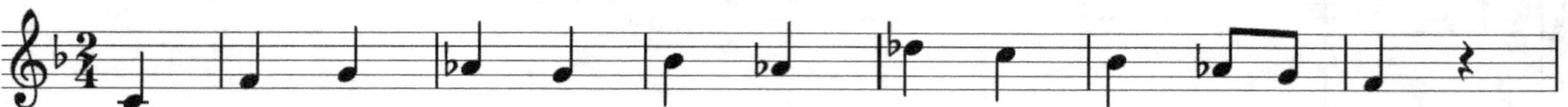

Possiamo trovare un testo che si adatti a questo carattere triste della melodia:
"Dolore dice il tasto; senza gioia cantò".

Ora possiamo accompagnare con tale testo il brando di Haydn trasportato in modalità minore [12].

1.6 SINTESI

Adesso possiamo ricapitolare quanto abbiamo visto sinora. Formiamo dei gruppi. Ogni gruppo a turno leggerà un testo diverso, ma soprattutto lo leggerà in modo diverso, con un'espressione diversa.
Il primo gruppo leggerà piano, quasi sottovoce.
Il secondo invece leggerà molto lentamente.
Il terzo leggerà separando bene le sillabe.
L'ultimo leggerà con voce forte.
Alla fine leggeremo tutti insieme le stesse parole.

[Si fa una prova rileggendo la frase-base, ciascun gruppo secondo la modalità assegnata]

Pronti? Allora iniziamo.

[L'operatore indicherà chi deve leggere e il gruppo indicato leggerà la sua parte nella modalità richiesta].

Leg - ge - ro ta - sto,

sen - za sfor - zo, pia - no suo - nò.

Do - lo - re di - ce il

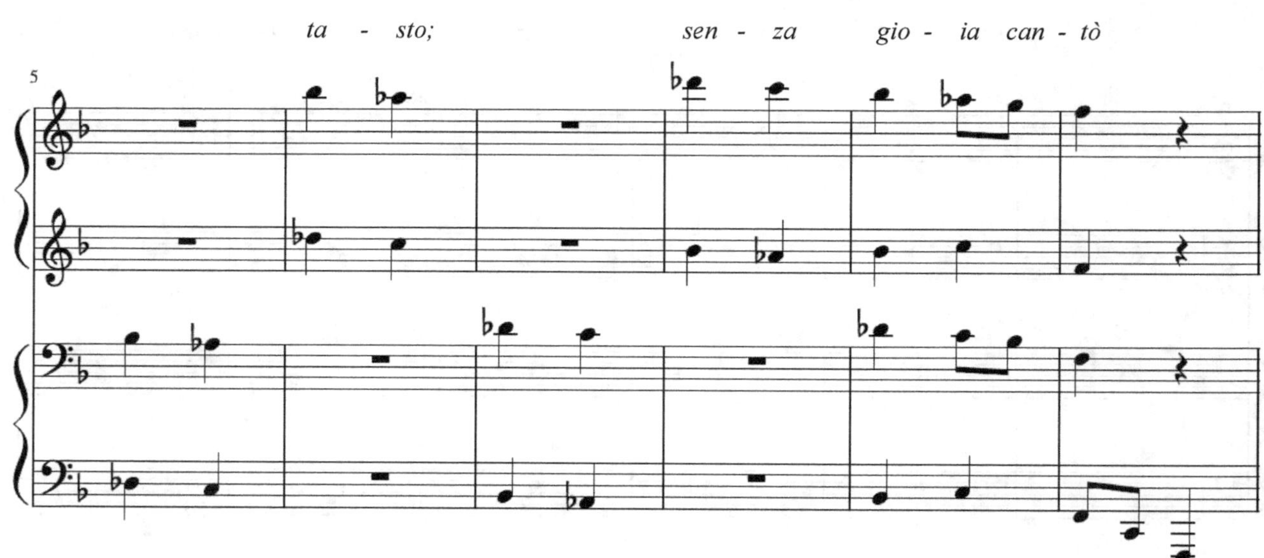
ta - sto; sen - za gio - ia can - tò

STACCATO

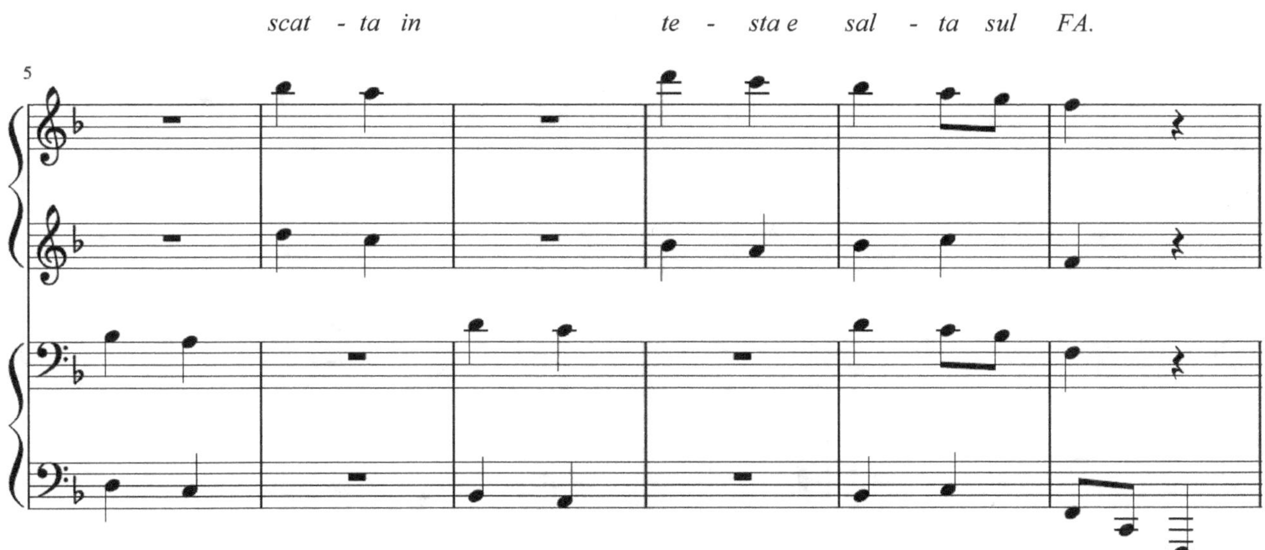

Pro - te - sto! Ba - sta!

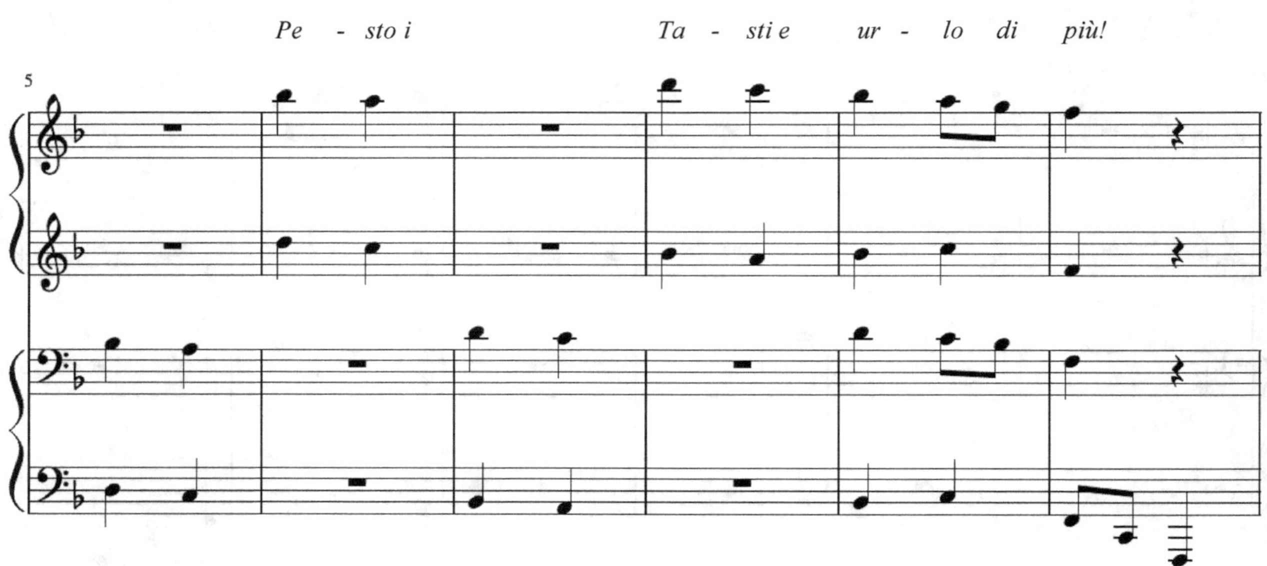
Pe - sto i Ta - sti e ur - lo di più!

Fai   pre - sto!   To - sto

scor - ri i   ta - sti e   ra - pi - do   va'!
5

2.1 VARIAZIONI DI DURATA (nota puntata)

Adesso consideriamo altre possibilità di variare il modo con cui si suonano le note e si pronunciano le parole. Le medesime note possono essere suonate con un diverso ritmo, ossia facendo sì che i suoni siano più o meno lunghi e spostando l'accento.
Riascoltiamo la melodia da cui siamo partiti [01]:

Ascoltiamo come adesso è stata modificata rendendo alcune note più lunghe altre note più brevi [13]:

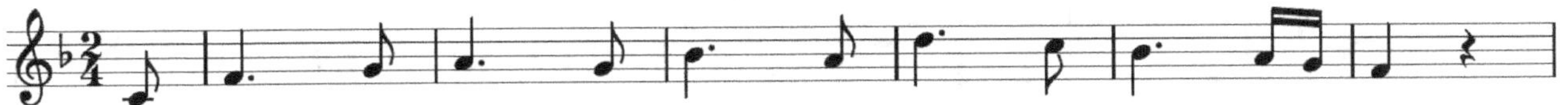

Questa trasformazione si può fare anche con le parole: si può fare in modo che alcune sillabe durino di più e altre meno. In questo modo si possono far corrispondere le note – ora più lunghe, ora più brevi – con il testo – con le sillabe ora più lunghe, ora più corte.

Proviamo allora a leggere la solita filastrocca con questo nuovo ritmo [14].

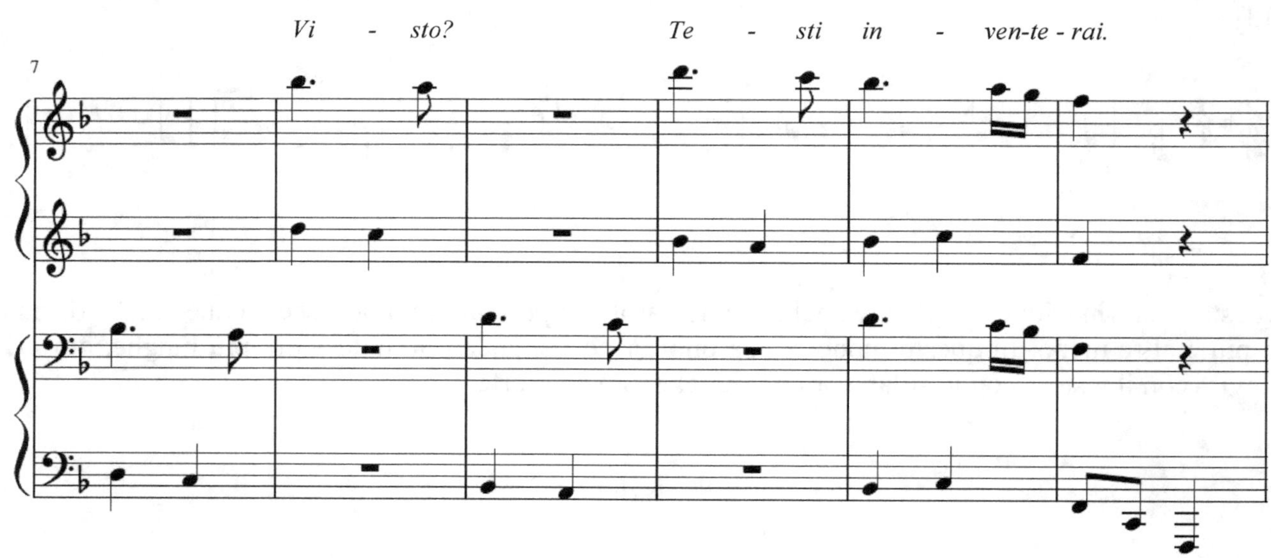

E ora associamo un testo adatto al nuovo ritmo:
"Il soldatino sotto (i) tasti s'apposterà" [14].

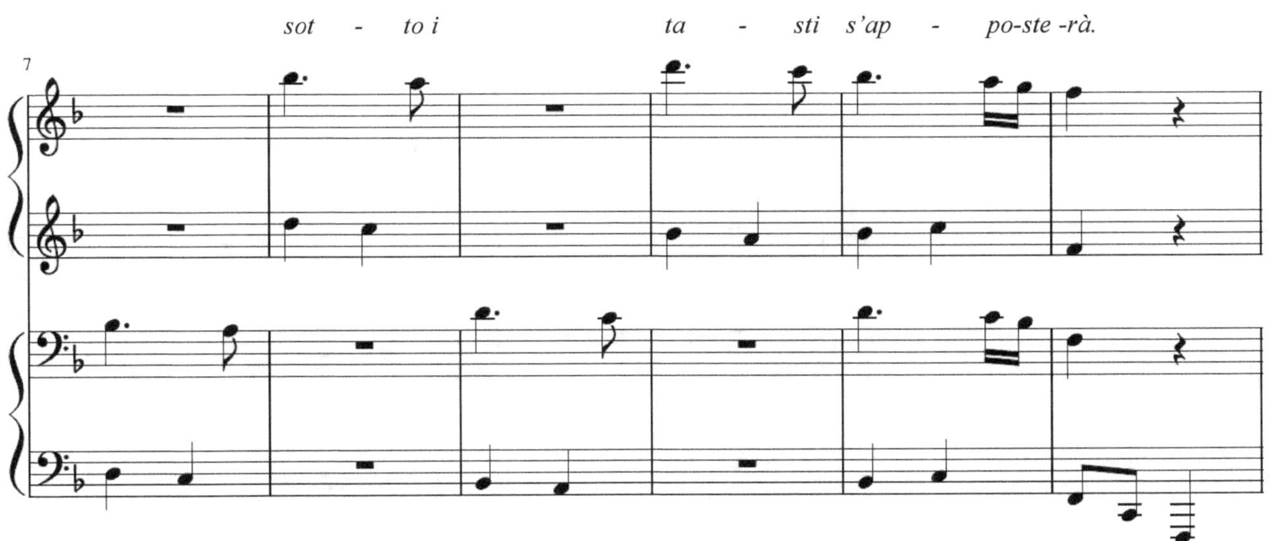

Dopo esserci esercitati a leggere il testo con questa variazione di ritmo, proviamo a leggerlo con tale ritmo mentre il pianoforte esegue il brando di Haydn nella sua versione originale (e quindi con un ritmo diverso) [15].

2.2 VARIAZIONE DI DURATA (ritmo di valzer)

Proviamo a trasformare ancora di più il ritmo della melodia iniziale, che da così [01]

diventa così [16]:

Abbinando la solita filastrocca, la lettura sulla base di questo nuovo ritmo diventerà quindi così [17]:

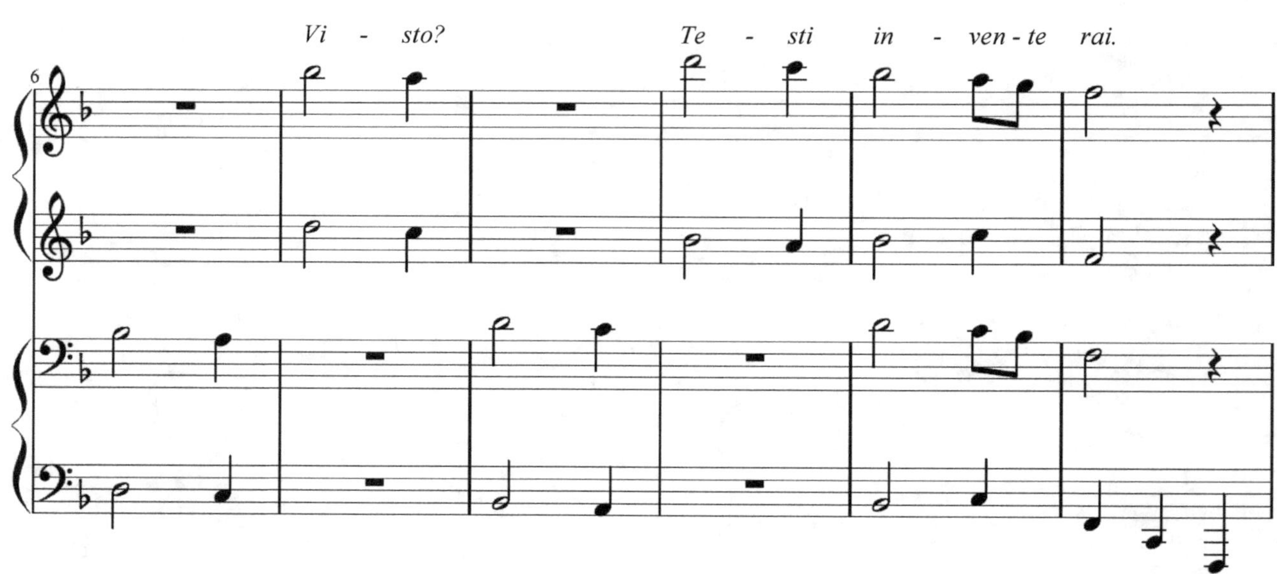

E con parole più adatte il testo da abbinare a questo ritmo può diventare così:
"Un valzer lieto (in) mezzo (ai) tasti vuole ballar?" [17].

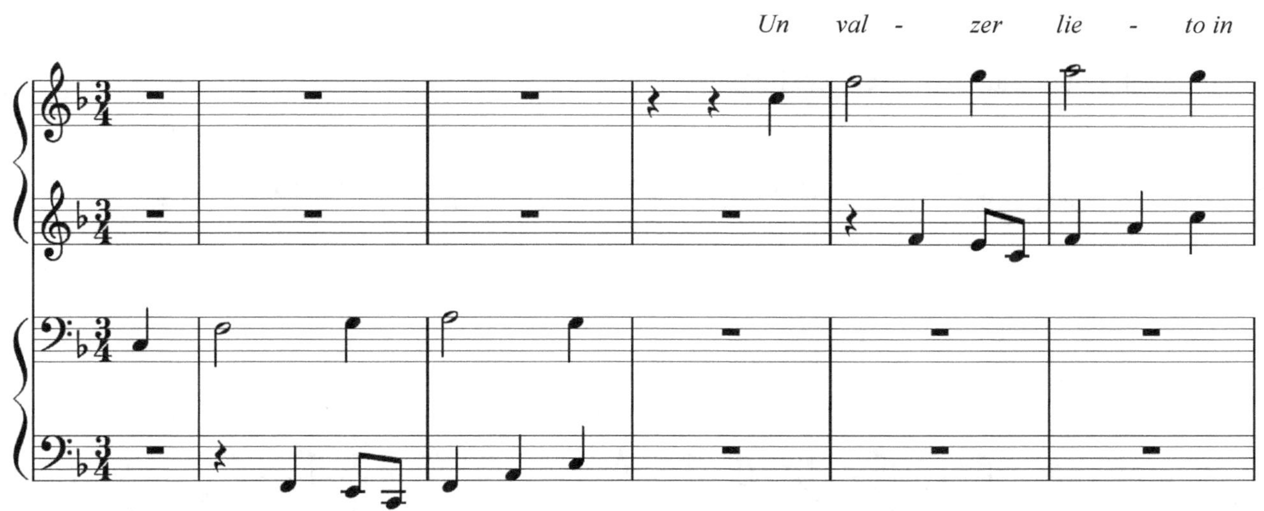

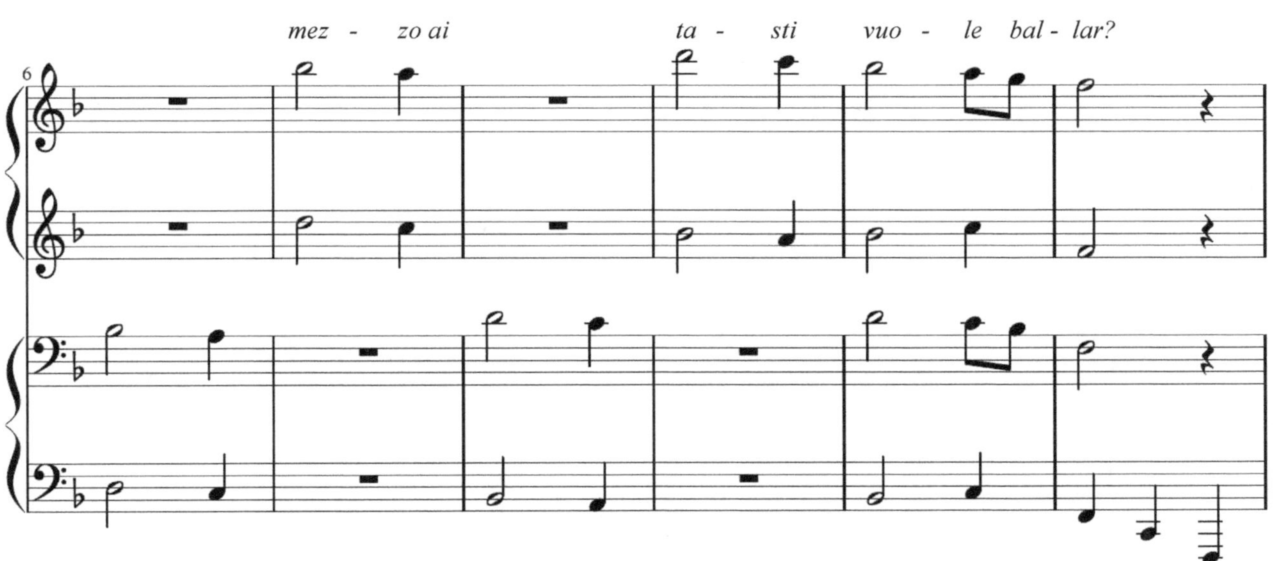

2.3 VARIAZIONE DI ACCENTO

Ora proviamo a cambiare il ritmo in un altro modo, ossia a non cambiare la durata delle note, ma l'accento che su queste cade.

Ricordate? La melodia iniziale era così [01]:

E ora diventa così [18]:

Leggiamo le solite parole della filastrocca con questo nuovo ritmo [19].

E ora con delle parole più adatte al nuovo ritmo, il testo può diventare:
"Senza respiro, (in) ansia, (i) tasti dimenticai" [19].

Adesso, dopo esserci familiarizzati con il nuovo ritmo, proviamo a leggere la filastrocca seguendo quest'ultimo mentre il pianoforte esegue il brano originale (che ha un altro ritmo) [20].

Le attività che adesso faremo, oltre a basarsi sul brano originario di Haydn anziché sulla sua semplificazione, sono diverse da quelle precedenti perché mentre prima tenevamo sempre la stesse note del brano iniziale e nello stesso ordine iniziale – cambiando solo l'intensità, la velocità, il modo di suonarle, la durata e gli accenti – ora invece proveremo a cambiare l'ordine delle note. La curiosità che abbiamo è: cambiare l'ordine delle note produce effetti che assomigliano a quelli che si hanno cambiando l'ordine delle parole nel caso del linguaggio verbale? Vediamo.

3.1 LETTURA RITMICA COMPLESSA

Iniziamo anche in questo caso ad abbinare le note musicali a delle parole.
Poiché il brano originale di Haydn ha più note di quello semplificato, anche la filastrocca che abbineremo al testo sarà un po' più complessa. Anzi, è una specie di scioglilingua:
"Un testo tosto non mi entra in testa. Ricorda il tasto: facilmente imparerai".

Ecco come note e parole possono andare insieme [21]:

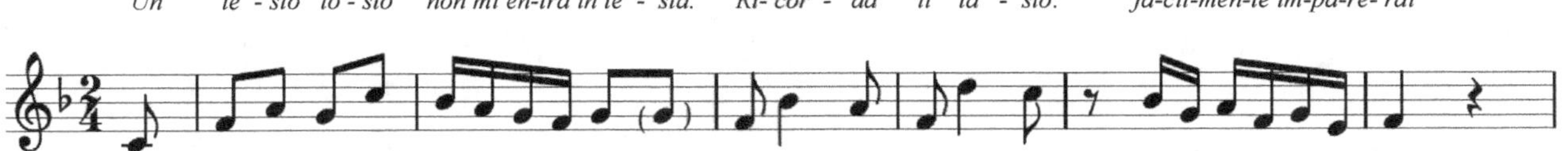

Proviamo adesso, quando è il turno dell'allievo, a pronunciare la filastrocca a ritmo con le note [02].

3.2 INVERSIONE

Una prima possibilità che abbiamo nel cambiare l'ordine delle note è quella di suonarle nell'ordine opposto, ossia iniziare dall'ultima nota, poi suonare la penultima e così via, procedendo all'indietro.

Facciamo un esempio con le immagini. Se disegniamo, spostandoci da sinistra verso destra, questa linea:

disegnarla al contrario, sempre spostandoci da sinistra verso destra, vuol dire partire dal punto finale della linea e poi vedere se i punti precedenti erano più alti o più bassi e procedere così di seguito:

Proviamo allora a prendere il tema di Haydn e, per ogni pezzo di cui si compone, provare a invertire l'ordine delle note [22].
Per ora teniamo le parole nell'ordine precedente.

E se cambiassimo anche l'ordine delle parole? Per ogni pezzo della filastrocca proviamo a invertire l'ordine delle sillabe [22]:

Ora il maestro suonerà le note originarie e l'allievo la musica con le note invertite di ordine e, quando è il turno dell'allievo, leggiamo la filastrocca con le parole al contrario [23].

3.3 INVERSIONE A COPPIE

Un secondo modo per cambiare l'ordine delle note è quello di prendere le note a coppie e di cambiare l'ordine delle note di ogni coppia, ossia la seconda nota diventa la prime e la prima diventa la seconda.
Per esempio, se prendo la parola TORI, formata dalle sillabe TO e RI, posso invertire l'ordine delle due sillabe e ottengo la parola RITO.

Se prendiamo la melodia originale di Haydn e invertiamo l'ordine delle note a coppie, abbiamo questa melodia [24]:

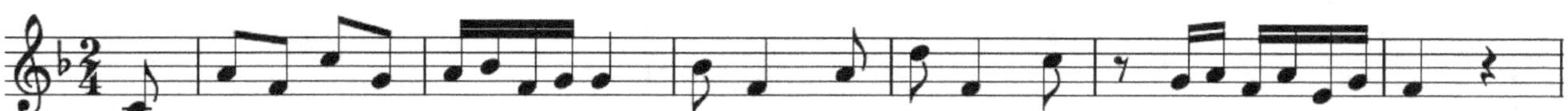

Proviamo ora a variare il testo della filastrocca scambiando l'ordine delle sillabe coppia per coppia [24].

E ora il maestro suonerà sempre la melodia originale e l'allievo quella modificata invertendo l'ordine delle coppie di note e, sulle note della versione variata, reciteremo la filastrocca con le sillabe invertite a coppie [25].

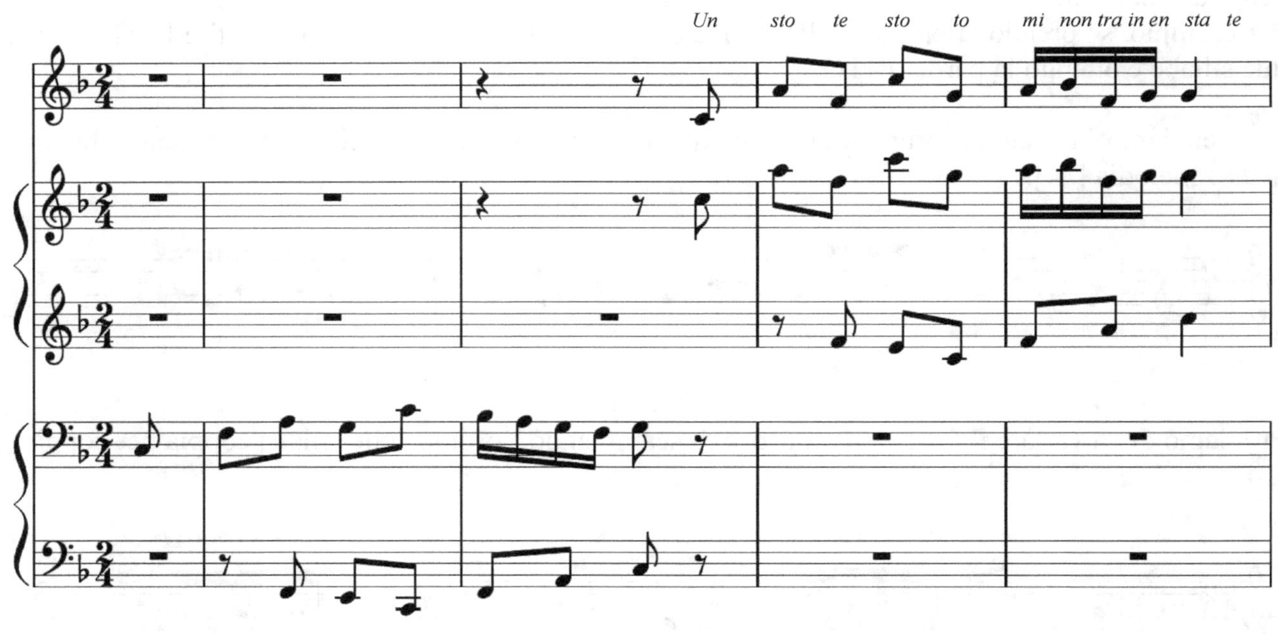

3.4 INVERSIONE A COPPIE ALTERNE

Un altro modo per scambiare le note è di invertirle non a coppie vicine ma a coppie alterne. Ossia: la prima nota diventa la terza e la terza la prima, la seconda diventa la quarta e la quarta la seconda e così di seguito.

Applicando questa trasformazione, la melodia di Haydn diventa [26]:

E applicando la stessa operazione alle parole della filastrocca si ottiene [26]:

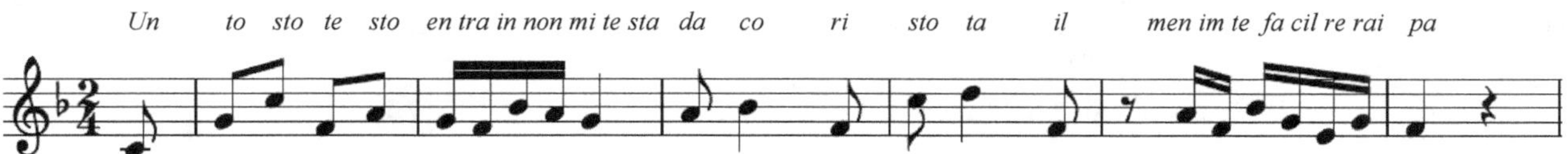

Ora recitiamo la filastrocca come risulta da questa trasformazione [27].

3.5 SPECULARE

Sinora abbiamo variato la melodia originaria usando sempre le sue stesse note, ma soltanto cambiandone l'ordine.

Ora proviamo a cambiare anche le note. Non però a caso, ma in maniera sistematica. Per esempio invertendo i rapporti tra le note. Se nella melodia originaria tra la prima e seconda nota c'è un salto in su, nella melodia variata ci sarà un salto in giù.

Facciamo un esempio con le immagini. Se questa è la linea originaria:

disegnarla invertendo i rapporti tra alto e basso vuol dire disegnarla così:

Applicando questa procedura di trasformazione per inversione, la melodia originaria di Haydn diventa così [28]:

Ma come si fanno a mettere le parole in su e in giù? Proviamo a basarci sulle vocali. Queste hanno dei suoni di diversa altezza, cosicché possiamo metterle in questo ordine dal basso all'alto:

                                              A

                                   E

                         I

              O

U

Proviamo allora a cambiare le vocali delle sillabe delle parole della filastrocca in questo modo: se la nota successiva va in su, rispetto alla vocale precedente, mettiamo una vocale che sta più in alto; se la nota successiva va in giù, mettiamo una vocale più bassa di quella precedente.

Applicando questo sistema, la filastrocca da abbinare alla melodia con le note invertite diventa così [28]:

Ora recitiamo questa versione variata della filastrocca [29].

Facciamo un altro passo: proviamo non soltanto a cambiare le note lasciandole al loro posto (e quindi mantenendo il medesimo numero di note, con la stessa durata e accento), ma anche a cambiare il numero di note. Una procedura di questo genere l'abbiamo già applicata trasformando la melodia originale di Haydn in quella semplificata che abbiamo usato nella prima attività: dalla melodia originale abbiamo tolto delle note, rendendo più lunghe quelle che sono restate.

L'altra possibilità è quella di aggiungere altre note.

Il modo più semplice per farlo è ripetere ogni nota che c'è.

4.1 NOTE RIPETUTE DUE VOLTE

Possiamo iniziare dalla melodia semplificata da cui siamo partiti [01]:

Raddoppiando le note otteniamo [30]

Proviamo adesso a far corrispondere a ogni nota una sillaba, raddoppiandola [30]:

Ora leggiamo il testo seguendo questa melodia con le note raddoppiate con l'accompagnamento originale del pianoforte secondo l'abituale alternanza di maestro e allievo [31].

Nel caso vi sia la possibilità di disporre di un solo pianista, si può seguire questo spartito [32].

Ora possiamo dare un diverso ritmo alle coppie di note ripetute, facendo diventare la melodia così [33]:

Leggiamo il testo con le sillabe raddoppiate seguendo questo nuovo ritmo [33]:

E ora leggiamo il nuovo testo con l'accompagnamento del pianoforte [34].

Questo può essere l'accompagnamento con un solo pianista [35].

4.2 NOTE RIPETUTE TRE VOLTE

Ora proviamo a triplicare le note della melodia semplificata [36]:

Proviamo a ripetere quindi tre volte ciascuna sillaba della filastrocca [36].

Ed ora leggiamo la filastrocca con le sillabe triplicate mentre il pianoforte esegue il solito accompagnamento [37].

Anche in questo caso proviamo a dare un diverso ritmo alle tre note ripetute [38]:

Leggiamo il testo con le sillabe triplicate in base a questo ritmo [38].

E ora leggiamo con l'accompagnamento dei due pianisti [39].

E con l'accompagnamento di un solo pianista [40].

4.3 NOTE RIPETUTE QUATTRO VOLTE

E da ultimo ripetiamo le note della melodia semplificata quattro volte [41]:

Ripetiamo quattro volte anche le sillabe [41]:

Leggiamo il testo con l'accompagnamento del pianoforte a quattro mani [42].

E con l'accompagnamento del pianoforte a due mani [43].

4.4 RIPETIZIONI LIBERE

Ora continuiamo questi giochi musicali-linguistici basati sulla ripetizione dei medesimi elementi facendo riferimento alla melodia originale, anziché a quella semplificata, di Haydn. Raddoppiando le note (almeno quelle che si prestano a questa trasformazione) avremo [44]:

Per abbinare un testo prendiamo la nostra filastrocca e raddoppiamo ogni sillaba [44].

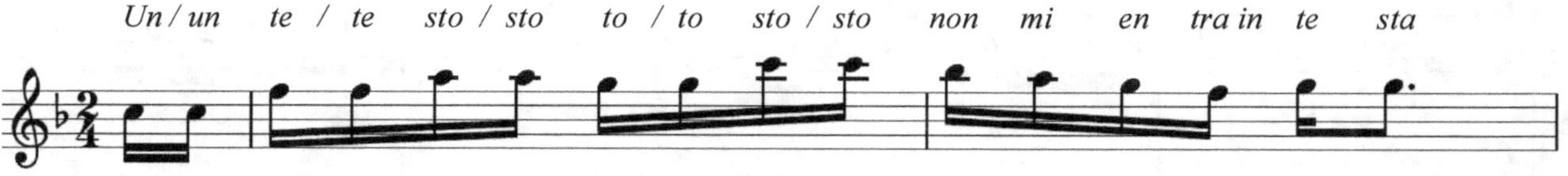

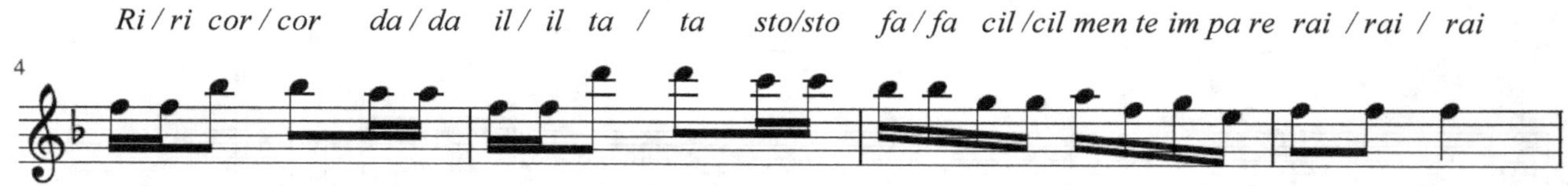

E ora recitiamo la filastrocca così trasformata seguendo il dialogo tra il maestro e l'allievo [45].

In questa sezione proviamo a prendere la melodia originale de *Il maestro e lo scolare* e ad aggiungere altre note, non necessariamente raddoppiando quelle già presenti.

5.1 NOTE AGGIUNTE

Ecco un primo ampliamento della melodia, con un conseguente ampliamento del testo in modo che anche le note aggiunte abbiano una sillaba corrispondente [46]:

Ripetiamo ora la filastrocca con l'accompagnamento del piano-allievo [47].

5.2 DUE NOTE PER OTTAVO

Ora, in maniera sistematica, facciamo in modo che ci siano due note per ogni quarto [48]:

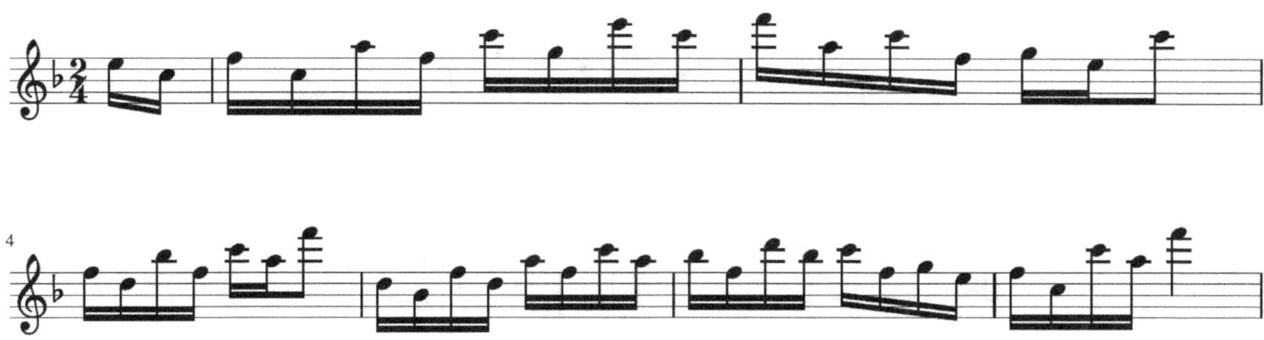

A partire da questo punto lasciamo liberi di inventare i testi da abbinare alle note, magari trovando qualche meccanismo linguistico che, in analogia a quanto avviene nel brano musicale, permetta di ampliare e modificare la filastrocca originaria.

Una volta individuato il testo adatto, recitiamolo con l'accompagnamento del piano-allievo [49].

5.3 TRE NOTE PER OTTAVO

In questa versione della melodia originaria si hanno tre note per quarto [50]:

Trovato il testo da abbinare, leggiamolo con l'accompagnamento del piano-allievo [51].

5.4 QUATTRO NOTE PER OTTAVO

Ed ecco quattro note per ottavo [52]:

Una volta elaborato il testo appropriato, recitiamolo ora con l'accompagnamento del piano-allievo [53].

Un'altra versione, con un andamento "a salti", è la seguente [54]:

Dopo aver individuato il testo pertinente, leggiamolo con l'accompagnamento del piano-allievo [55].

Un'ultima variante può essere questa [56]:

In questa ultima sezione proveremo a modificare il brano di Haydn con maggior libertà, ossia – oltre ad applicare le modifiche che abbiamo sinora considerato (cambiamenti di intensità, velocità, durate delle note, accenti, ritmo, modo (maggiore/minore), fraseggio) – aggiungendo note che non compaiono nella melodia originale e dando al pezzo musicale caratteri particolari, di volta in volta diversi. Ciò che manterremo del brano originale sono le note fondamentali delle diverse parti (con termine tecnico: manterremo la struttura armonica).

Per fare queste trasformazioni prenderemo come modelli dei brani musicali di altri autori e proveremo a riscrivere questi pezzi "sovrapponendo" loro la struttura armonica del tema de *Il maestro e lo scolare* e applicando l'alternanza dei due pianisti prevista da questa opera.

Ogni volta cercheremo di elaborare un testo che sia congruente con il carattere della musica e a tal fine faremo giochi linguistici ogni volta diversi.

I brani proposti per le attività di lettura ritmica in questa sezione sono tratti da una raccolta di variazioni su *Il maestro e lo scolare* (A. Antonietti, *Mimeo. 50 Variazioni-miniatura su un tema di Haydn*, Psyprint, 2017), che è disponibile sia nella versione per pianoforte a due mani che in quella a quattro mani, alla quale si rimanda per disporre degli spartiti completi. Le altre variazioni contenute nella raccolta menzionata possono ispirare ulteriori attività linguistiche per esercizi di lettura ritmica.

6.1 NINNA NANNA

La variazione è ispirata a un brano di Dmitri Kabalevski (*Ninna nanna*, da *Piccoli pezzi per pianoforte* op. 39) in cui le duine (o le coppie di duine) richiamano il movimento dondolante di una culla.

Alla melodia possiamo far corrispondere varie combinazioni di sillabe con la "n", come quelle che compongono appunto l'espressione "ninna nanna", per trovare quelle che meglio si addicono ad una musica che deve favorire l'addormentamento di un bambino. Per esempio:

6.2 FRAMMENTO DRAMMATICO

Un andamento drammatico è dato al brano di Haydn se si adotta un ritmo come quello del brano intitolato *Frammento drammatico*, ventesimo dei *Ventidue pezzi per fanciulli* op. 24, raccolta di brani per pianoforte di Dmitri Kabalevski.
La melodia cui abbinare il testo è la seguente:

Il testo potrebbe essere composto in questo caso da sillabe che richiamano suoni cupi:

6.3 FANTASIA

Sulla base del brano intitolato *Mignon* (da *Album per la gioventù*, op. 68, di Robert Schumann) questa variazione, con gli arpeggi ascendenti su una nota bassa lunga (e i suoni armonici prodotti dal pedale del pianoforte che deve essere tenuto per l'intera battuta), evoca un'atmosfera vaporosa e sognante:

Proviamo quindi a trovare delle parole bisillabe, con accento piano, da far corrispondere alle note con ritmo regolare degli arpeggi che rispecchino il carattere della musica.
Esempi di parole potenzialmente adatte sono:
aggettivi: dolce, lieve, piano, bianco, tenue, calmo, quieto, lento ecc.
sostantivi: nube, sogno, fiore ecc.
verbi: vola, soffia, spira, sale ecc.

Ora abbiniamo alle note di ogni battuta un aggettivo, un sostantivo e un verbo in modo da comporre una sequenza di espressioni coerenti:

6.4 STUDIO

Sempre dalla raccolta di brani per pianoforte *Album per la gioventù*, op. 68, di Robert Schumann, questo brano, che ha come titolo *Piccolo studio,* invita a trasformare il tema de *Il maestro e lo scolare* in un esercizio di agilità:

Le rapide terzine, ascendenti quelle affidate alla mano sinistra del pianista e discendenti quelle affidate alla mano destra, si possono associare a sequenze di sillabe da pronunciare in rapida successione.

Può quindi essere un buon esercizio linguistico scegliere proprio dei gruppi di consonanti difficili da leggere/pronunciare: gn, str, sp, sc, sr, mn, cq, tr, nt, nd, gr ecc.

A questi gruppi consonantici aggiungiamo una vocale. Le vocali hanno suoni di altezza diversa: (nell'ordine dal più basso all'alto): u, o, i, e, a.

Per trovare le sillabe da associare agli arpeggi ascendenti aggiungiamo ai gruppi consonantici vocali via via più alte e per le sillabe da associare agli arpeggi discendenti vocali via via più basse. Per esempio:

Esercitiamoci poi a leggere la filastrocca di parole senza senso che abbiamo creato a velocità sempre crescenti.

6.5 ALLA RUSSA

Il pezzo n. 3 dei *Momenti musicali* (D780) di Franz Schubert ha suggerito questa variazione, che cerca di mantenere il carattere del *Momento:*

ecc.

Per trovare delle parole da far corrispondere alle note della variazione, si può tenere presente il *pattern* ritmico tipico del brano (lunga – breve – breve – lunga – lunga)
Per costruire un testo da abbinare alla melodia, stabiliamo delle corrispondenze tra note e sillabe.
Per esempio, prendiamo una consonante e abbiniamole una vocale (magari rispettando la scala delle altezze che abbiamo già visto).
Se prendiamo la F (per costruire una specie di linguaggio "farfallino"), abbiamo (procedendo dal basso verso l'alto):
Fa = Fü
Sol = Fu
La = Fö
Si = Fo
Do = Fi
Re = Fé
Mi = Fè
Fa = Fa
Così ci si abitua a variare la pronuncia delle vocali, come previsto per "e" e "o" in italiano (chiusa e aperta) e in altre lingua (es. francese per "u").
Il testo diventa allora:

Poi si può cambiare consonante e/o variare la corrispondenza note-vocali.

6.6 CORALE

Un *excerptum* del secondo tempo (*Andante*) della sonata n. 15 per pianoforte (K494) di Wolgang
Amadeus Mozart ha il carattere polifonico di un corale che suggerisce qualcosa di calmo e solenne.
Su questa base, trasponendo in modalità maggiore, è stato variato il tema di Haydn:

La scansione ritmica della variazione vede l'alternarsi di battute con note lunghe (mezzi e quarti) e
battute con note brevi (ottavi):

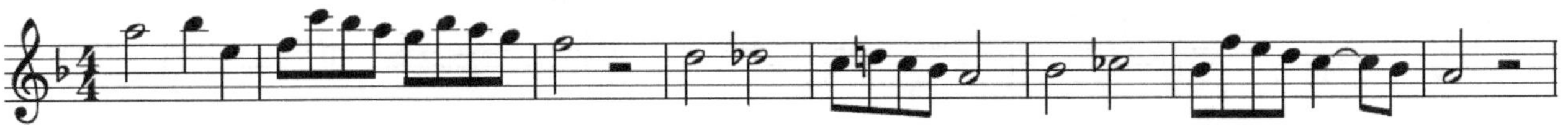

Date le parole corrispondi alle battute con i quarti, si trovino le parole per completare il testo in
corrispondenza delle battute con gli ottavi:

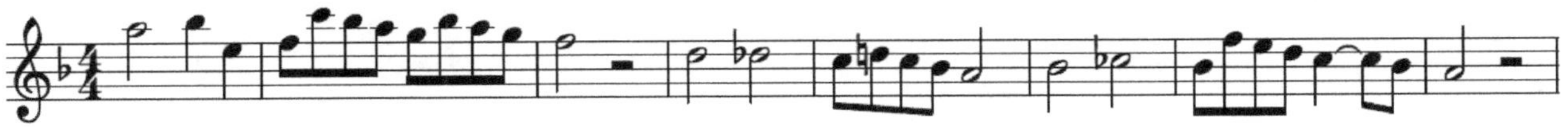

Il testo risultante alla fine dovrebbe avere, per quanto possibile, un carattere coerente con la musica.

6.7 DANZA

Il brano n. 6 (*Melodia norvegese*) della prima raccolta (op. 12) di *Pezzi lirici* di Edward Grieg è
basato sul tema di una danza popolare. La variazione ad esso ispirato suona così:

Un aspetto interessante della melodia è il contrasto tra duine e terzine che caratterizza ogni inciso. Il brano si presta così a far esercitare sui cambi di durate/velocità delle sillabe di parole trisillabe sdrucciole.

Facciamo un elenco di tali parole distinguendo tra sostantivi plurali, verbi alla terza persona plurale e aggettivi plurali.

Sostantivi: alberi, tavoli, pentole ecc.

Verbi: corrono, bollono, ballano, cuociono, svettano ecc.

Aggettivi: rapidi/e, dalmati, ecc.

Proviamo quindi a trovare delle triadi sostantivo-verbo-aggettivo che abbiano una certa coerenza (o incoerenza tale da generare effetti umoristici o paradossali) da abbinare a ogni inciso musicale. Per esempio: